行踏・注目

陳秀枝 著

文 史 哲 詩 叢

文史哲出版社印行

國家圖書館出版品預行編目資料

行踏・注目 / 陳秀枝著. -- 初版 -- 臺北市：
文史哲，民 106.05
　頁；　　公分（文史哲詩叢；129）
ISBN 978-986-314-364-2（平裝）

851.486　　　　　　　　　　　106006416

文 史 哲 詩 叢　129

行 踏・注 目

著　　　者：陳　　　秀　　　枝
出 版 者：文 史 哲 出 版 社
http://www.lapen.com.tw
e-mail：lapen@ms74.hinet.net
登記證字號：行政院新聞局版臺業字五三三七號
發 行 人：彭　　　正　　　雄
發 行 所：文 史 哲 出 版 社
印 刷 者：文 史 哲 出 版 社
臺北市羅斯福路一段七十二巷四號
郵政劃撥帳號：一六一八〇一七五
電話 886-2-23511028・傳真 886-2-23965656

定價新臺幣二二〇元

2017 年（民一〇六）五月初版

起 鼓

　　我是陳秀枝，筆名袖子，嘛用過「亦耘」做筆名。我佇國中教冊ê時陣，指導學生閩南語演講佮朗讀有十幾年，拄開始，感覺台語無好教，閣感覺母語無認真推揀sak2，就直欲消失啊！就一面請教專家，一面寫作，寫台語演講稿，寫台語詩。十幾年累積落來，台語ê功力有淡薄進步。

　　詩人是安怎寫詩咧?通常是甲家己生活中體會到、探討ê，抑是訪問專家佮有專門研究ê，予家己有感動ê，藉著詩ê語言，詩ê表達方式寫出來，就是詩。有詩人講，詩是予人讀了感覺真歡喜，予人讀了感覺有所體會；嘛有詩人講，詩，若像玫瑰花，你看了真歡喜，毋閣，詩毋是玫瑰花；詩，予人感覺真芳，毋閣，詩毋是花ê芳味。我就是定定出去行踏、開會、參觀，若有感想就緊寫落來。慢慢累積起來ê

　　我出生佇彰化縣和美鎮大肚溪旁ê田庄。自求學時代到畢業擔任教職，攏愛幫贊農務。我定定常將大肚溪旁ê駁岸想做豐富ê樹林步道，佇內底耍，真舒適真心識!

　　我對讀台中師專時開始寫作，後來，進修靜宜中文系、台灣師大中文研究所學分班、台東大學兒童文學研究所，攏是一爿教學、一爿寫作、一爿指導小朋友創作。

　　經過真濟年累積，打拼寫作少年小說、兒童散文、童詩、囡仔歌、現代詩(包括華語和台語)，予南投文化局陸續出版了三本兒童文學作品(《囡仔的歌詩》、《飛翔在想像的國度》、《飛吧想像的翅膀》、佮一本台語詩集(在彰化文化局出版)；另外，予文化局、鎮公所邀請寫作《南投記遊》、《走讀南投》、《草屯風華》，抑不定期投稿《台灣現代詩刊》、《滿天星兒童文學雜誌》、《台文罔報》、《臺江臺語季刊》、《台客詩刊》、《台文戰線》，「大肚山藝文報」，台語的文學創作，是我最近努力打拚的重點之一。

　　這擺有機會，來出版這本台語詩，感謝文史哲出版社鬥相工，向望逐家會合意這本詩集。

　　　　　　　　　　　　　　　袖　子佇中興新村 2017.04

行踏・注目

目　次

台 語 唸 歌

等待出帆：恬恬等待 / 風來時 / 精神飽足來出帆

陪雲去散步：共風打招呼 / 陪雲去散步

草屯心色

心色　心適　草屯真心色
山崙懸　樹仔青　四界紅花柳綠
草鞋，蓋規墩
行出旅途一程閣一程
汗，流規身軀
拚出店面一間閣一間

古早草鞋仔墩
手工藝品　農業產品滿滿是
稻草編製、藍染佮做漆
葡萄、荔枝、菸草佮竹筍
是草屯心色的特色
是祖先倚靠來賺食ê

即馬　草屯特產、工藝、藝術佮農產
予草屯一間一間樓仔厝起起來
換到南投　拋著台中
共庄跤佮都市摻作伙

九九峰的地理佮景致
予人呵咾甲觸舌
出日、日落予人感想濟
山脈峰峰相連　神仙傳說
予咱逐工ê飯　食著真心適

草屯心色　用心感覺ê色水
永遠「奢颺」(tshia　iann)

2016.05~06 於草屯
60 號咖啡詩畫展

註
心適：有趣
疊規墩：堆成一堆
呵咾甲觸舌：稱讚
奢颺(tshia　iann)：鮮豔得有點奢華感覺

古錐囝仔

古錐囝仔　　真愛唱歌咧
騎著鐵馬　　四界趖
那騎那唱　　哪咧賣什細
　　　騎啊騎
　　　騎透透 ──
　　　青青的山坪
　　　闊闊的海邊
　　　鬧熱的公園
　　　好耍的學校
風微微啊吹
心內沓沓咧開花

註
古錐囝仔：可愛的小孩子
四界趖：四處繞
哪咧賣什細：一邊賣雜貨(小東西)
沓沓咧：慢慢地

南投好迌迌 tshit-thô

來南投　　好迌迌tshit-thô

迌迌tshit-thô對佗去？　好耍好食滿滿是

清境羊咩真古錐　　　霧社風景真正媌

埔里酒　香閣醉　台大農場花開萬萬蕊

溪頭芬多精　予你萬年富貴

日月潭　潭水青閣媌

鹿谷茶 清香嘛無貴

南投意麵　一嘴煞一嘴

來南投　　好迌迌tshit-thô　有影無？　有影無？

刊於《滿天星》86 期

啉 lim　bi51 lu11

美女 lim　bi51 lu11
有 FU 閣「舒服」
台語英語黑白 pue2
毋驚講話未合適

bi51 lu11　美女 lim 落喉
心情袂閣亂糟糟
bi51 lu11　予美女輕鬆
鬱卒袂閣纏規工

集集坐火車

坐火車　到集集
凸一下　凹一下
火車「嘟嘟嘟」

集集名聲通人知
旅行、蹛咧攏精彩
攑花燈　踅過青翠家園
坐火車　踅過恬靜田庄
故事、文化真十全 tsàp-tsn̂g

來集集　坐火車
逐家唱出歡樂的歌聲
目仔窯　真好耍
弓蕉芳閣 Q
青翠磅空好覕 nǹg 鑽
美麗記持永保存

刊於《台文通訊 BONG 報》
第 278 期

生活放輕鬆

生活放輕鬆
莫想逐項攏欲弄
簡單　重要梢 sa 有摠 tsang2
粽掠 kuann3 抓乎在
生活就自在

生活放輕鬆
名利莫看重
有趣味 有康健
代誌才罔弄

刊於《台文通訊 BONG 報》第 278 期

遊鹿港

鹿港名聲真正透
古蹟街路　遊客真愛走
文物館　九曲巷　無嘜瀟 hau-siâu
行入古早真逍遙

鹿港名產有滋味
狀元糕仔　　牛舌餅
蚵仔煎　　豬油粩
古早氣味攏無走

鹿港趄幾擺
就知外精彩

來半線

彰化舊名叫半線
來半線　　流喙瀾
肉圓芳貢貢　　麻糬 Q 塊塊
物件好食毋免掣 tshuah3
一喙一喙閣一喙　袂收煞

古早味　縈著真嬌 ê 記持
八卦山　懸大閣青翠
百果山好耍　　鹹酸甜好滋味
田中花園　花蕊嬌閣芳　目睭看袂離
鹿港　民俗古蹟滿滿是

大肚溪邊 ê 記持　　頭殼內閃閃爍
佮阿爸阿母　挖蘆筍　汗嘛 tshap　tshap 滴
挽土豆　蔣 khau 菜頭　冰水粉粿
菜股頂爍啊爍
逐家來半線 na 耍 na 食 齷齪鬱卒趕緊散
風景嬌　民俗濟　緊來看　緊來看

鼻芳

落雨天　佇厝哩
雨霎落袂離
茶米茶呷一下
喉嚨沁芳味

雨霎落袂離
讀冊揣趣味
神遊小說內
冊芳
佇頭殼玲瓏踅　走袂去

雨霎落袂離
人客滿滿是
講天文　論地理
講今說古　精彩有情味
徛咧鼻芳　經驗豐富閣輕鬆

鼻芳　各種芳氣
予生活真正嬌

台北好遊賞

繁華台北　真鬧熱
科技台北　真方便
百貨公司　資訊展覽
逐項攏真讚

捷運　「咻」一下
就到目的地
欲 tshit-thô　做空契
坐咧蹔
輕鬆來往　攏袂忝

短　　詩

秘密 ê 世界：一個秘密 ê 世界 ／ 予家己一寡空間 ／ 想像揹著翼股起飛

海的心聲：別人無了解海ê心聲 ／ 海　逐工唱歌予人聽

眠　夢

一隻蟒蛇
欲甲我纏頷頸

茫茫海水
湮甲我袂喘氣

生活大索
綁甲我真緊張

註
纏頷頸:纏著脖子
湮甲我袂喘氣:淹水,快喘不過氣來

予我一扇「任意門」

予我一扇「任意門」
我欲飛天　鑽地

予散赤人四界耍
予逐家攏永遠青春

都市公園

一位喘氣 ê 空間
無大樓塞咧
無車擋牢咧

無大樓做生理
無車搬貨物
袂當賺真濟財富

毋閣
予人賺著上寶貴 ê 財富

雕　刻

時間認真
佇咱 ê 額頭、目睭、腹肚
　　　　　　雕刻

予人一看就清楚
時間 ê 跤跡

生活 ê 滋味

一杯酒苦澀苦澀

認真啉

抑有淡薄仔甜甜

選　擇

雖然不是撿大粒石頭

嘛是相信有較好 ê

放掉身邊 ê 石頭

揣無光爍爍 ê 鑽石

落大雨

天頂　　烏鴉齊飛起來

「嘩　　嘩　　嘩」

甲人攏趕入厝內

現代火金姑

聖誕節 ê 教會

三更半暝

火金姑抑佇聖誕樹頂

爍咧　爍咧

現代火金姑

光　攏袂化 hua

刊於《台灣現代詩》第 45 期

註
攏袂化 hua:都不會熄滅

菜市仔

同窗會開始
幾十年無見面
大聲喝咻

菜市仔無蓋蓋
若無　早就拆了了

等待花開

等待花開

鬧熱家己 ê 心肝

予家己親像

花開彼款

規身軀

有精神　有花香

現 代 詩

玉山春唱：玉山 ê 春天 ／ 各種生物攏醒起來 ／ 唱春天 ê 歌

月娘袂記哩轉來 ：月娘風騷四界走 ／ 袂記哩轉來 ／ 予菅芒著急甲四界揣

柿子喊聲

看我柑仔色的珍珠
一粒閣一粒
我毋是予翕相機
恬恬翕落來

我是自己跳入相機內底
予你的相機金爍爍

佇強欲墜落的時陣
我自己欲留著歷史的跤跡
予目屎閣血汗
渗出一頁一頁感動人的歌詩

我用柑仔色
成做我奢颺的記持

刊於《台客詩刊》第五期

一片梅仔園

白殕白殕 ê 一大片一大片梅仔園

有淡薄光透過來

若像一條通唯天頂 ê 路

予人 ê 心晟有所在通透

　　　　　是一條活路

車佇山哩走傱

真驚揣無路

真驚無路通倒轉

心欲行 ê 路　　嘛驚無通透

梅仔園倚佇山崙

有淡薄光 ê 路

　　予人散步賞花揣出路

有梅仔園 ê 白殕白殕

予繽紛ê雲霧

畫烏擦白　抹紅抹青

恬恬仔看　　世間ê嬌景致

若像厚酒啉落喉

佇身軀內底　聊聊仔發作

於 2016.01

註
殕：灰色
對：從
心晟：心情
走傱：奔走
揣：找
倚佇山崙：靠在山脈上
淡薄光：微光
畫烏擦白抹紅抹青：塗抹各種色彩
恬恬：靜靜地
嬌：美
啉落喉：喝進喉嚨
聊聊仔：漸漸地

舊壁 ê 心事

配合洪樨標的油畫：牆

數念牆圍仔內逐家歡樂 ê 笑聲

大大細細坐做伙

講天講地

大聲喝咻　輕聲細說

對出日頭講到落雪

對盤古講到即馬

舊壁牆圍仔內故事毋知演過外濟？

牆圍仔內世界　　世傳世

牆圍仔外戰爭　　留予後代解說

刊於《台灣現代詩刊》

震動一下啊

土牛翻身

無囉　應該是露螺翻身

露螺尻脊骿

小可仔震動一下啊

厝嘛跳懸跳低

壁裂開做裝置藝術

大樓趴落來

土跤無才調承受

閣塌落去

跳落來 ê 音樂記號

一 ê 音樂記號

對天頂跳落來

佇我心內 ê 演奏

原本

我懶屍懶屍

無想欲做啥

彼 ê 音樂記號

共我推揀 sak

我 ê 憂鬱變作

懸懸低低 ê 樂音

一 ê 一 ê 音樂記號

想欲譜出

早起時仔 ê 一首進行曲

2016.05.13

註

懶屍：慵懶

05.13 一早載女兒去面試，車暫停台中忠明南路路邊，一葉紅葉翩然而至，斜臥前面玻璃窗上，比展場的 show girl 還楚楚動人。但，想像他從樹上，彷彿跳舞似的，又像一個音符，翩然邊舞邊演奏，創作一曲晨間進行曲。

黃錦錦的秋天

秋天穿甲黃 錦 錦　　燒 Ho̍t Ho̍t
毋免穿金戴玉 ê
就金爍爍　　爍甲目睭褫袂開
秋天叫秋風
寫著一張一張 ê 批
叫逐家緊來讀

無論　　逐家讀有讀無
秋天嘛是　　批一張一張寫

Pm2.5　罩濛霧

天頂　　叫是罩蒙霧
殕殕霧霧　真有氣氛真「舒服」
原來是 Pm2.5
無臭味　毋感覺垃儳　真「迷糊」

Pm2.5　偷偷軁 nǹg 入五臟六腑
甲你黑白霧　黑白舞
無外久　你就去閻羅府

Pm2.5　罩濛霧
予人生色彩　殕殕霧霧

《台灣現代詩刊》第 42 期

註
殕殕霧霧：灰灰霧霧的
垃儳：lâ-sâm，骯髒
軁：nǹg 穿、鑽。

秘密 ê 世界

一 ê 秘密 ê 世界
佇心肝內
別人無知　甘焦家己知

可能恬靜　　可能無嬌
家己 kah 意
予家己沓沓充電
　　　恬恬思考

秘密 ê 世界
無愛予人知
力量外濟　人嘛毋知

2016.05~06 於草屯
60 號咖啡詩畫展

苦楝ê戀歌

春天一喝咻

苦楝仔　跤就踏出

雙手比出嬌ê姿勢

叫春天佮伊談一場

　　　轟轟烈烈ê戀愛

叫「清明鳥」焉tshuā路

佇天頂占一個大位

家己掖落細細ê花蕊

若像落一場芳芳ê雨

芳　醒大家

行過虎尾

行過虎尾
無是踏著虎尾
無驚惶，有驚喜
有真濟意外 ê 發現
「誠品」這 ê 資本主義重本 ê 產業
予這 ê 小鄉鎮歸工衝著咖啡芳、冊芳
人佇古蹟內底蹉來蹉去
「文創」商品嘛好　　咖啡嘛好
虎尾人綴著時代 ê 跤步
舊曆閣會當佇虎尾徛在在
一棟舊舊 ê 樓仔厝
揪本地、東西南北 ê 人
做伙生活、讀冊 lim 咖啡、過日子

對五六十年代到即馬
布袋戲佇政府打壓 ê 時
差一點仔就死去
啥米「史艷文」「小金剛」「素還真」
用華語講話
大家聽甲霧煞煞
即馬閣用虎尾海口腔

講笑詼、講俗語
緊張、刺激ê布袋戲風雲再起

仝款用舊矸仔貯新酒ê「故事會館」
逐家來聽講故事
古早祖先ê跤跡
現代人民ê傳奇
耳孔斟酌聽
目睭斟酌看
連貓咪仔、貓鼠攏佇這走傱
逐家　喙笑甲離 sai sai

今年台灣花燈上大場佇虎尾
看花燈　人搶搶滾
各地比賽得獎ê花燈真精彩
企業贊助予專業製作ê花燈，有特色
宗教區花燈、原住民區花燈
其他國家ê花燈
……

二十ê主題，予你看袂煞看袂 sian
行佇平坦ê沙埔
看到真遠ê祖先
佇茫霧頂頭　踅來踅去

2017.04 刊於《台文戰線》

爲恁綁一條黃色ê帶仔

為恁綁一條黃色ê帶仔

有人講黃色ê帶仔

代表「和平、反戰、希望、光明」

恁恬恬倚佇操場下面

地勢卡低ê所在

恁袂走　抑無想欲相戰

嘛恬恬無講啥物

為恁綁一條黃色ê帶仔

恁是想欲得到希望佮光明無?

恁生做是樹仔

上大ê向望是

枝椏旺　葉仔濟?

光明是活了天地開闊

一代一代生湠?

為恁綁一條黃色 ê 帶仔

向望恁 ê 向望

有真濟人看著

向望恁想欲愛 ê 光明

予真濟人光明

2016.11 於韓國首爾
台韓現代詩交流朗讀詩

註：南投縣中興新村中興大會堂前大操場邊，一排榕樹樹
葉日漸稀疏，表示有病，據當地人觀察，是政府沒有善待
這些樹，一旦老樹枯死，生態鏈出問題，整個社會也會出
問題，２０１６年６月１８日筆者跟幾個地方人士（大多
是南投生活願景工作室成員）一起去為榕樹綁上黃絲帶。

拄到一欉大欉樹仔

講欲跖peh 山練身體
跖peh 甲怦怦喘 歪歪
拄好拄到一欉大欉ê 樹仔
予伊十分鐘　　伊予我全世界

樹椏涼亭仔
一杯茶米茶入喉
佮樹椏芳對頭殼頂
做伙鑽入咱ê 五臟六腑
麗the 佇樹仔欉
蝶仔跳舞蟬唱歌
甲咱ê 筋骨抓甲真舒適

大欉ê 樹仔朋友
佮阮一群朋友開講

安貼阮恬恬佇遐

修身性　　看風景

研究什麼是人生

2016.05~06 於草屯

60 號咖啡詩畫展

註

拄到：遇到

跙：爬 peh

怦怦喘：很喘

䠡the：躺

忝歪歪：累慘了

來東部 tshit-thô

東部後壁 ê 花園
山崙青翠　海水翠青
the 佇草仔坪
佮藍色 ê 天頂對相
雲趕緊 tsông 來從 tsông 去

阮款款啊
看船共海畫皺紋
嘛共心悶寄船捘 iā 開

予阮 ê 心肝親像
船咧發動「ㄅㄛˇ ㄅㄛˇ」
歡喜向前進

2016.11~12 於彰化縣
線西鄉詩畫展

山崙 ê 櫻花
配合袁國浩畫作「山坡櫻花」

你規身軀攏粉紅
衫是粉紅　喙䫌嘛是粉紅
甲山崙攏變粉紅　粉紅
思念若粉紅 ê 花瓣
一片　一片傳送

山櫻花講：
莫叫是我規冬攏真紅
我佇冬天 ê 時陣
無半片花　通展妖嬌
忍耐真久　累積真濟氣力
才爆出　規支山 ê 粉紅
突顯出
規粒山崙青翠 ê 樹仔
規片藍藍藍 ê 天頂

刊於《台灣現代詩》

大肚溪邊 ê 駁岸

大肚溪邊 ê 駁岸
寫著我細漢時 ê 笑聲佮影跡

一條長　長　長 ê 駁岸 inn inn 幹幹
生養真濟物件
——土菝仔　細欉柴樹仔　野花
野生 ê 咖啡　牧草　月桃花……
行佇駁岸面頂　鼻芳味嘛感覺涼爽
遠遠看去　一區一區溪埔沙坪
阿爸阿母的形影　若準佇遐
阿爸阿母的血汗　流落佇遐

大肚溪邊 ê 駁岸
顧著阮兜佮田園
大水若來　有駁岸通阻擋

田園若塌　有溪水縈來的土鬥相工(通補)

一條長　長　長ê駁岸
顧著真濟真濟的家庭
予阮規傢伙　攏生活做夥

2016.07 刊於台文戰線

註
駁岸：堤防
inn inn 斡斡：蜿蜒　彎來彎去
縈來的土鬥相工：帶來的土幫忙

八卦山 ê 大佛咧想啥物

八卦山大佛
恬恬徛佇遐
毋知咧想啥物

是真歡喜——
逐工來八卦山迌迌 ê 人真濟?
跮山遊賞真輕鬆
看著笑微微 ê 大佛
心內出日頭

抑是淡薄仔鬱卒——
八卦山頂愈蓋愈濟 ê 厝
大餐廳　大遊樂設施
青翠仔樹　愈來愈少
活動空間　愈來愈細

八卦山 ê 大佛
你恬恬徛佇遐
是咧想啥物?

2016.03《台文通訊 BONG 罔報》第 264 期

楓仔葉 ê 縫有鑽石

楓仔林內有金爍爍 ê 鑽石

日頭對天頂照落來
予逐家來撿寶
恁看：楓仔葉 ê 縫有鑽石
光一直爍　爍袂停

鳥仔飛來　啄一隻蟲
「啾　啾　啾」閣飛去
風掃過來　斟酌看
鑽石掃袂震動

日頭沓沓仔行
甲　楓仔林內 ê 鑽石
收了了

刊於《台客詩刊》第三期

註
金爍爍：閃爍
逐家：大家
恁：你們
袂停：不停
閣飛去：再飛走
斟酌看：仔細看
袂震動：不會動
沓沓仔：慢慢地
收了了：收完了

新社花海

一叢一叢ê花

千千萬萬蕊ê花

成做一片　　花ê海洋

媠，佇大家ê喙顊tshuì-phué　　刻落來

千千萬萬蕊ê花

甲幸福ê影跡印佇

逐家ê心內

2017.03~04 於南投
Caf'e solo 餐廳詩畫展

註
成做：變成
媠：美麗
喙顊：臉頰
刻落來：烙印
幸福ê影跡：幸福的痕跡
逐家：大家

溪頭大學池

彎彎幹幹ê竹橋

趴佇魚池仔ê肩胛

予人徛 leh 伊頂頭

一越頭

放送無限ê魅力

2017.03~04 於南投
Caf'e solo 餐廳詩畫展

註
彎彎幹幹：彎彎曲曲
徛 leh：站在
一越頭：一轉頭

中興新村巷仔內的春天

花園新村巷仔內

鳥隻撥開喙「嘎　嘎　嘎」

貓咪「喵　喵　喵」覕相揣

囝仔伶巷子內走怨

inn 叫醒春天

巷子內的春天真鬧熱

刊於《滿天星 89 期》

牛屎鳥飛過溪

牛屎鳥規身軀親像鳥屎

　　　　　　Phu Phu 白白

親像 Phi 水 phi 佇空中泅過溪

任何一個人攏拚袂過伊

伊飛出水湧 ê 形

飛過山崙、平原佮溪溝

佇樹仔頂、石頭縫歇咧

若像一坱屎 tsit-pû-sái

袂予人發覺

大欉樹 ê 致蔭

草屯七股有一欉大欉樹

樹枝披開若大支雨傘
好天遮日　落雨遮雨
予咱上好 ê 照顧

大欉樹勇健
發出真濟樹枝
予　野鳥膨鼠有通遮雨
大人囡仔佇伊 ê 身邊
跳舞唱歌佮 tshit-thô

大欉樹庇蔭 ê 世界
快樂逍遙真精采
大人囡仔攏嘛愛

佇檨仔落落來ê時

佇中興ê花園新城行踏
沿路ê檨仔落落來
好加在無損著頭殼
若損著頭殼
嘛無外國科學家ê頭腦
通發明「萬有引力」

無閣
一粒一粒ê檨仔落落來ê時
我想起中興ê花園新城
有一排一排ê檨仔樹圍起來
有一粒一粒ê檨仔做檨仔青
彼種檨仔味渙出來ê感覺
永遠保存佇腦ê倉庫內底

一欉一欉ê檨仔

恬恬徛佇路邊

春夏秋冬　攏有無仝 ê 風景

咱一 ê 一 ê 徛出來

佇土地 ê 畫布頂頭

劃出一筆一筆白白 ê 色彩

落落來爆開 ê 樣仔　　嘛來湊幾仔點金黃

刊於《台客詩刊》第五期

看風景

若是打開心內 ê 目睭
就會看見身邊上媠 ê 風景
親像溫柔姑娘 ê 笑容
吻一咧　看著真歡喜
憂愁就走去覕 bih

若是看著暝日 ê 向望
規 ê 人就齊 tsiâu 輕鬆
親像阿母煮 ê 菜真芳
鼻一擺　芳真濟工

心內 ê 風景
予咱看袂 sian

2016.12 台客詩刊第六期 P28

註
目睭：眼睛
上媠：最美
走去覕：跑去躲起來
暝日 ê 向望：日夜的盼望
規 ê 人就齊 tsiâu 輕鬆：渾身舒服
鼻一擺：聞一次
看袂 sian：看不膩

大肚山ê玫瑰

大肚山猶原有真濟坑坑窟窟
予一寡樹仔草仔花栽生湠
相思仔若發威
黃了規片山坪
親像咱數念前輩
一年一年ê情絲牽引糾纏
予咱永遠用心記哩
　　　前人用血汗累積出來ê好風景

記牢咧猶有千千萬萬蕊ê玫瑰
佇大肚ê花園內歡喜成長、開花
開花結籽　　結籽開花
成做大肚山ê標誌

刊於大肚山社區報

註：大肚山ê玫瑰.，是看著最近楊逵的孫女楊翠老師甲整理
伊的文學寫作，閣出版一本書《永不放棄》，感觸真深，
寫一首大肚山ê玫瑰.，」向楊逵、楊翠一家人致敬。(楊逵
先生以前寫的「壓不扁的玫瑰」鼓舞好多台灣人民要勇敢
抵抗日本那外來政權。)

日月潭

日月潭潭水　真青真媠
照出　歡喜行踏 ê 人影

潭水　唱出古早艱苦 ê 故事
對武界到埔里　唯埔里到魚池
真濟人 ê 血汗
打出水 ê 磅空　挖出日月潭
予日月潭潭水飽滇
逐工　唱著快樂 ê 歌聲

2016.09 刊於《台客詩刊》第五期

註
真媠：真美麗
磅空：山洞
飽滇：飽滿

用月光寫 ê 批

天若暗
月娘桌寫一張一張 ê 批
抌佇一大片草仔坪
抌佇大欉樹樹仔腳
抌佇樓仔厝 ê 烏影頂頭

暗暝 ê 風息仔
飛過草仔坪
飛過樹仔跤
飛過樓仔厝
甲月娘深深 ê 感情
　　　　　　　接收

105.5.12 寫於中興新村
刊於大肚山社區報

註
批：信
抌：投、擲、丟。例：抌石頭　tìm tsióh-thâu(投擲石頭)。
風息仔：微風
月娘：月亮

來日月潭散步

日月潭做真濟條路
予人騎鐵馬　行路散步

潭水青青青
照出長長 ê 人影
笑聲嘛綴咧響規路

唯武界 inn inn 斡斡
經過埔里　魚池
甲水送到日月潭

2016.05~06 於草屯
60 號咖啡詩畫展

濁水溪予頭社 ê 禮物

逐工早起時
濁水溪就用溪風送
一條白色 ê 霧氣圍巾
　　　　予頭社

頭社圍著圍巾
拚勢生湠　　毋驚風吹日曝
一區一區 ê 田園
成養真濟農作物
一戶一戶 ê 徛家
成養真濟 ê 後代

濁水溪送 ê 禮物
白白殕殕
真輕嘛真重

2016.05~06 於草屯
60 號咖啡詩畫展

註
拚勢生湠：努力生產繁殖，指頭社的人民和土地
殕：灰色
頭社附近有濁水溪，造成每夜水氣降臨，每早一條霧帶披
上，對農作生長助益不少，也幫助當地農民生計

田莊 ê 景緻

一　條山路仔　彎來幹去
通對庄跤去

恬靜 ê 山坪
青翠 ê 田園
佇邊仔
有鳥隻唱歌　囝仔走跳

路　　細細條
心內 ê 風景
佮稻仔田
仝款青翠閣開闊

2016.05~06 於草屯
60 號咖啡詩畫展

日月潭 ê 暗暝

日月潭 ê 暗暝真恬靜
月光照佇潭面
親像佇黑色布做背景的舞台
大 Pha 美術燈照落來
真媠　真特別

月光照佮歸個潭面
若像超級 ê 溜冰場
一個一個溜冰 ê 高手
「ㄆㄥ──」溜冰　溜真遠

日月潭暗暝
甲日月潭變甲真神奇

2016.11 於彰化和美鎮圖書館
袖子詩畫展

註
暗暝：晚上
大 Pha 美術燈：大盞的美術燈
真媠：真美

牽牛花

牽牛花　鼓吹花
田園邊啊　花花花
細欉樹　大欉樹
伊倚咧沿路 peh　　沿路開花

鼓吹花歕鼓吹
日時歕 pûn 鼓吹
暗時做燈火
歕鼓吹「叭叭叭」
大人囝仔笑哈哈

註
跁peh：就是爬，音peh。沿路跁沿路開花，就是順著樹幹一
邊爬一邊開花。
歕 pûn 鼓吹：吹喇叭
做燈火：當作花燈

八卦山 ê 日頭

欲暗仔

八卦山 ê 日頭欲轉去

鳥仔雲霧　甲拜託

閣等一眠仔

日頭著急甲面攏變紅

雲霧煩惱伊相熱

飛過來甲搧風安貼

刊於《台灣現代詩刊》第 46 期

註
欲暗仔：傍晚
一眠仔：一下子
搧風：搧風
相熱：太熱

手　機

大家目睭　無相揣

一人一隻手機

手骨直 pue2　目睭直揣

頭殼 le2　le2　le2

手機　是大家生活 ê 天地

講大家做伙

你 pue2 你 ê

我 pue2 我 ê

心煞無交陪

刊於《台灣現代詩刊》第 46 期

註
手骨直 pue2：手一直撥
頭殼 le2 le2　le2：頭低低的
你 pue2 你 ê：你滑你的手機
無相揣：互相找，互相關心

行佇台中ê街仔路

行佇台中ê街仔路
款款行　沓沓仔相
古早厝變新款
樹仔　猶原無改變
咱佇內底　啉著一杯一杯
彼時陣民主思想
佮這馬後現代主義ê冰仔水
啉落喉　喝聲 tsiang tsiang 滾

行佇台中ê街仔路
無輸出國去 tshit-thô
綴流行ê服裝、建築、冊佮嘴吃物
目睭看著　耳孔聽著　喙內哺著
攏是：台中，我來矣

行佇台中ê街仔路
安心　毋驚揣無路

箍一輪閣轉來原路

對早起時

共拄跙 peh 起床 ê 日頭打招呼

陪伊一路散步

到暗暝

有現代感佮有古典味 ê 街仔路

予咱感覺著溫度

行佇台中 ê 街仔路

一步一步　真幸福

刊於「大肚山藝文社區報」

註
款款行沓沓仔相：慢慢走慢慢看
啉：喝
喝聲 tsiang tsiang 滾：氣勢勝
tshit-thô：玩耍
對早起時：從早開始

一欉眞大欉ê樹啊跳出來

跖peh 山跖peh 甲怦怦喘
跖peh 到山尾溜
一欉真大欉ê樹啊跳來面前
樹枝樹葉一直怦怦喘
樹仔欉真有氣魄
親像一ê巨人咧看咱

阮一群人貼麐the 佇樹仔跤
佮樹仔相向
疑問這欉千外年ê樹仔
有外濟故事通好報豆

註
跖peh：爬
怦怦喘：很喘
麐the：躺
佇樹仔跤：在樹下
相向：相望，面面相覷
外濟故事：多少故事
通好報豆：好用來聊天

八卦山看南路鷹

每一年三月
每一年十月
南路鷹飛過八卦山歇睏
才閣向北、向南飛

透早打殕光
歇佇樹仔頂ê南路鷹
日頭若出來打招呼
就展翅飛出去
彼時天頂若一領黑黑ê網
予人躺佇塗跤
用360度天然「望遠鏡」來看

對一二個人
到幾百人ê集合
南路鷹佇「候鳥季」變做明星

南路鷹一年兩擺

飛來八卦山借蹛

毋知影即馬店面起真濟

𪜶in抑揣有位通歇睏無？

2017.04 刊於《台文通訊 BONG 報》
第 277 期

註
打殕光：天剛亮
𪜶in：他們
躺佇塗跤：躺在地上
兩擺：兩次
借蹛：借住
即馬：現在
揣有位通歇睏無：找得到休息的位置

水牆佮嬌花

水牆邊有嬌花
水牆逐工唱歌予嬌花聽
「嘩啦嘩啦　劈哩啪啦」
花嘛聽甲笑吻吻
水牆拚勢送出金閃閃ê珍珠
予花有金閃閃ê芳味
花笑甲強欲徛袂牢

水牆規工唱歌
自己歡喜　厝邊隔壁嘛甲意

水牆展現歌藝
嬌花貢獻美貌
一面完美ê風景
佇咱ê心肝底

2016.09 刊於《台灣現代詩刊第 47 期》

註
水牆：瀑布
媌：漂亮
逐工：每天
笑吻吻：笑嘻嘻
強欲徛袂牢：快要站不住
規工：整天
嘛甲意：也喜歡

一 ê 幽靜 ê 所在

一 ê 幽靜 ê 所在
溝仔水 uai　uai 流
船仔坐咧四界趖
細細欉 ê 柴樹仔
大大細細 ê 花蕊
tshua 著咱去過往 ê 時間
勻勻仔欣賞、生活
引領咱去未來 ê 時間
斟酌細膩觀察

這 ê 幽靜 ê 所在
若親像安全 ê 城堡
予逐家安心過日子

2016.07 於彰化吉米好站
藝術咖啡廳詩畫展

註
uai　uai 流：河流滔滔不竭
四界趖：四處逛
tshu a 著：帶著
勻勻仔：慢慢地
斟酌細膩：仔細小

溪岸頂 ê 菅芒

濁水溪溪岸頂ê菅芒
殕殕白白一大片
綴著風「丅一　丅一　些些」念袂煞
遠遠就聽到伊行倚來
一面行一面唱思想起

菅芒帶來寒人ê歌詩
濁水溪溪水　「西西刷刷」伴奏
配著風聲、水聲
啉lim落較有滋味

菅芒閣用伊ê花
佇空中畫圖
予天頂ê雲、飛過ê鳥欣賞

2016.07 於彰化吉米好站
藝術咖啡廳詩畫展

內山 ê 生活滋味

磚仔厝幾仔間

厝邊有青翠 ê 樹仔草仔

等待日頭來佮伊　跳舞

風景　自然就佇這

內山 ê 生活

簡單　自在

讀雲　讀霧　讀風　讀雨

讀　心內 ê 聲音

2016.07 於彰化吉米好站
藝術咖啡廳詩畫展

大肚溪邊 ê 風

阿公蹛佇大肚溪邊
規工風呼呼叫
沙仔　颺颺飛
坐車到彰化市仔
溪邊 ê 風掃袂到
　　　　　恬寂寂

我知影
大肚溪有練武功
大肚溪 ê 掌風
才會這猛這有力

註
蹛佇：住在
規工：整天
恬寂寂：靜寂了
掃袂到：掃不到，此指
海風沒吹到市區
知影：知道

佇日頭城市行踏

來到高雄四界趖
日頭真熱情

毋管安怎覕
一出門就拄著伊
日頭光　照我拋荒 ê 田園
　　　　烘我走鐘 ê 腹腸

日頭光　曝入我拋荒 ê 田園
向望我拄種 ê 台語花栽　　文化種籽
會一工一工長大成材

日頭誠炎　　予我充足的溫暖
佇高雄棋盤 ê 城市
袂毋知方向
佇生活本色 ê 城市
袂拍無去自己

春天若到

春天若到
花園內　百花就開啊
開甲嬌　嬌　嬌　芳　芳　芳
招豆藤ê花蕊若稻仔穗　　頕(tàm)甲　低　低　低
蜂佮蝶仔若軁磅空　軁來軁去
蘭花　玫瑰花　鼓吹花　嘛甲攕手
人生ê春天　　　無照時間運行

人生ê春天若到　　　人嘛親像蜂親像蝶仔
捷捷採花粉　吸花蜜
拚勢做自己ê「功課」

2016.05~06 於草屯
60 號咖啡詩畫展

註
招豆藤：紫藤
頕(tàm)：垂
軁磅空：鑽山洞
嬌：美麗
蝶仔：蝴蝶
鼓吹花：百合花
捷捷：時時
拚勢：拚命、努力

台南老街仔路

嘴食物仔ê芳味
共大家的記持叫醒：
古早豆花甜甜、軟軟閣有豆仔芳
名號驚人ê棺柴板
棺柴內ê畜生腹內
渳出艱苦生活ê氣味
活跳跳ê蝦仔佇鼎底跳舞
The佇盤仔底，抑閣用芳味
引誘逐家攑箸戲弄伊

舊街仔路　窄窄細細條
鄭成功、孔子規工鎮守
予古城有古味

花矸內 ê 玫瑰

深紅 ê 色水一工一工淺
葉仔水分嘛一工一工焦
芳氣 ê 濃度一工一工薄

靈魂應該早就飛走啊吧!
干焦
甲肉體囚禁佇監牢

玫瑰大聲喝咻：
閣較烏乾瘦　　嘛是玫瑰
閣較失色水　　嘛是玫瑰

古 厝

一大棟古厝予天頂ê雲看顧

有時陣
大雨閃電
若像畫家潑墨創作

有時陣
雲霧輕輕飛過
若像扮演古裝輕功蓋天下

古厝
予雲　裝置真濟風景

讀尪仔冊

簡單 ê 線條

成做一個人

一棟厝

一粒山

簡單 ê 畫面

鋪排一件代誌

表現滿腹情緒

簡單 ê 話語

是穿來穿去 ê 線路

規齣戲　就扮演起來

佮阿公啉老人茶

佮阿公啉老人茶
沓沓仔啉落去
甘甘　芳芳閣甜甜

喉嚨若是趕緊斟乎滇
啉落喉閣欠甘甜

阿公 ê 故事
若像老人茶
會用哩恬恬感覺回想

註
啉：喝
沓沓仔：慢慢地
講袂煞：講不完
會用哩：可以

掃　墓

我的頭殼「秀逗」
行入一排一排特別的「販厝」
左爿　正爿攏同款
兇兇狂狂
揣無阿母的厝

有人講：
你去天國做仙啊
安怎無來甲我報路

煞未記哩阿母「失智」
比我「秀逗」閣卡「秀逗」
揣無咱兜　　才走對天頂去
用相片做門牌
趕緊甲你的厝做記號

予序細仔
久久數念　　通好來揣你

浮　筒

生做直直垂垂
共你揞mooh咧

戰過濁水溪
佮囡仔作夥變做溪內的蛟龍
潛入水底玲瓏趖
戰贏大水歪歪流
抓魚抾柴　予浮筒留落真嬌的印記

一支浮筒
創造美麗的紀持　佮別項物件無仝

註：古早用竹管特製的，予人 mooh 咧浮起來，方便汩水。

刺 竹

古早田莊人
圳溝魚池　互相倚靠
一堀水
洗物件、洗身軀、煮飯菜攏解決
一堀水
予大人囡仔一寡耍的空間

不細膩
「撲通」落落魚池
刺竹摵咧　跳起來岸頂
毋免予閻龍王抓去

如夫人

熱人
甲你搝mooh咧
規暝睡甲甜　甜　甜
規身軀　乾鬆舒適

你袂翻身　袂黑白踢
莫怪做官ê上愛你

註：古早用竹片特製的，予人 mooh 咧睏，會規身軀涼爽。

扁　擔

擔米　擔水　擔被　擔衫

一枝瘦抽瘦抽

就解決

兇狂狗、歹人倚來

扁擔捎起來

走若飛咧

竹 橋

趴咧溪 ê 兩爿

予人　予物件　方便交通

予兩個庄頭有發展

溪水無法度閣阻礙

竹橋袂用哩偏心

兩爿攏用力

才會予人舒適行踏

竹　籃

竹仔彎曲編成
裝水果、貯物件、做裝置
揹咧　kuann 咧　吊咧
拜拜　日常生活攏方便
生活閣較有情味

古早　竹子清彩就有
編作竹籃
生活　活起來、嬌起來
竹仔 ê 芳味炁咱轉去
彼個時代　精彩

竹裈仔

竹做裈仔

隔開官服和內衫

認真辦公

袂予臭酸汗打敗

竹裈仔

創造一個時代的

　　　特色

乳母椅

簡單幾枝竹仔

au 來 au 去

通好坐　通好耍

予婦人人　歡喜煮出一片天

予廚房　　傳出歡樂 ê 笑聲

來去嘉義來吉行踏

鄒族人喊：

「A-veo-veo-yu」　甲逐家問好

「YU-GU-WA-SU」　予逐家祝福

佇來吉部落四界

一越頭　就佮山豬相相

一隻一隻山豬

佇咱身邊陪咱行踏

予咱感覺精神十足

鄒族人學著山豬

佇大自然捔跋反

peh 山　打獵　山林開墾

行若走　走若飛

厝一間一間　起起來

路一條一條　開出來

南非來ê姑娘

愛著<u>來吉</u>兄哥

蹛落來

做南非口味ê料理

烘南非口味ê麵包

芳味沁規庄頭

連山豬鼻甲凍袂牢

佇部落內傱來傱去

　　註：<u>嘉義來吉</u>部落，用山豬做 inn 吉祥物件。傳說，山豬帶著 inn 祖先，找到有水的土地，予鄒族會用哩佇<u>來吉</u>徛起。安呢，<u>來吉</u>部落行兩三步，就會當看著石頭抑是木頭雕刻ê山豬。最近，<u>來吉</u>ê「部落廚房」佇網路上流傳，一般ê遊客嘛好奇，就去<u>來吉</u>看麥，這個南非來ê女性，究竟安怎打出一片天。

奇妙 ê 石門

要用啥貨來測量兩爿 ê 山壁
鬥起來敢真正像一扇門？

沙石佮記持全款，一屑仔一屑仔
予風雨寬寬仔割掉、寬寬仔洗掉
予炸彈炸甲碎　碎　　碎
只賰一塊仔會當行 ê 路
予車佮人出出入入
紮一寡智慧、氣力出去
交換一寡溫暖轉來部落

原住民祖先共 inn ê 後代講
古早　溪邊真曠闊
兩爿山壁徛真倚
這爿水牆唱歌唱到對面去

閣傳遍規 ê 部落

對古早到即馬
無改變 ê 民謠內底
有兩片石壁做 ê 門
中央有「歪歪」流 ê 感情佮記持
記持流傳
予咱閣揣到石門
閣拜訪石門附近 ê 原住民
in 倚溪邊起厝、種做
種水果　種愛玉
予風吹日曝練成 ê
烏金烏金 ê 皮膚予日頭照著
若像溪水同款光滑
嘛像溪水會反射出光采

2017.01 刊於《台文戰線》第 45 期

註

啥貨：什麼

賰：tshun，剩下

「歪歪」流：水流湍急

十一月月初，佮一個前輩，走去高雄寶來探查一個日治時代，日本學者野呂寧在《台灣百年花火——清末日出台灣探險踏查實錄》這本冊中指出，高雄寶來附近有一個所在呼做「石門」，冊內安呢寫「聞名的石門，距離荖濃約一日里處，荖濃溪流經此地，形成兩岸壁立型態，像一座天然的石門。石門是風景絕佳的勝地，是平地所罕見。左岸有石灰岩懸崖橫列，長達數百尺，上面平直，有如上端被切平的蠟燭群，右岸的勝景稍微遜色，但是這個雄偉的石門值得人們來觀賞。石門是平地與番地的天然界址。由此往上游一日里，可達排剪社；再上溯二日里，可達位於右岸的雁爾社。」阮一陣人做伙去看，真正有夠媠。這本冊是由楊南郡先生翻譯，台灣人才有法度看見紀錄，去追查當時ê地理。

寫作年表

1980　短篇小說「榕樹下」獲台中師專小說徵文第二名
1982　童話「母親節的禮物」獲彰化縣教師組童話創作
　　　第二名
1994　童話「蝦仔正彈」獲兒童文學創作夏令營童話組
　　　第二名
　　　童詩「大肚溪口的小燕鷗」獲兒童文學創作夏令
　　　營童詩組第三名
1995　台語詩「破朴子」獲84年度鹽分地帶文藝營新
　　　詩徵文佳作
1997　童話集結「南投縣作家作品第六輯」《飛吧！想
　　　像的翅膀》
2002　兒歌「湖邊比美」獲得文建會舉辦的「兒歌一百」
　　　佳作
2003　童詩兒歌集結「南投縣作家作品第十輯」《囝仔
　　　的詩歌》
2006　童話出版南投縣作家作品第十二者輯—《飛翔在
　　　想像的國度》
2008　出版童詩評論與童詩合集《鼠年詩想》
2011　童詩「大肚溪畔的堤防」獲選為小魯出版社編纂
　　　2008台灣兒童文學精華選集。

2011 現代詩「走過八卦山文學步道」在彰化文化局主辦「百年百載百詩」徵選時入選

2012 彰化作家作品集台語詩集《大肚溪邊 e 歌詩》出版

2014 和蔡榮勇、麥莉出版《三葉集》童詩合集，在第十二屆亞洲兒童文學會議時參展

2017 童詩集《月亮忘記回家》出版，南投縣政府文化局作家作品集

2009~2016
應南投縣政府文化局之邀，撰寫《南投散策》(目前到第 7 輯)、社區營造訪查等散文。
應文化部之邀，撰寫《走讀南投》中寮與鹿谷部分。
應草屯鎮公所之邀，撰寫《草屯風華》、《草屯年刊》1~4 期。

2013~2016
彰化縣和美鎮圖書館、彰化縣線西鄉圖書館、彰化藍廚餐廳、鹿谷鄉圖書館、南投 CAFÉSOLO 餐廳、中興新村耶斯列餐廳、草屯 60 號咖啡廳、彰化市吉米好站藝術咖啡廳、台電草屯營業處等地，舉辦水彩畫與現代詩展覽時創作台語詩。

2013~2016
創作台語詩刊登於《台灣現代詩刊》《臺江臺語文學季刊》、《台文罔報》、《台文戰線》、《大肚山社區報》、《彰化半線月刊》